KUKU KULO A KAKURUK

LEJU MOGA

RiverNile
PUBLISHING
LET ALL IDEAS WORTH SPREADING FLOW

RIVER NILE PUBLISHING

GRAND RAPIDS, MICHIGAN

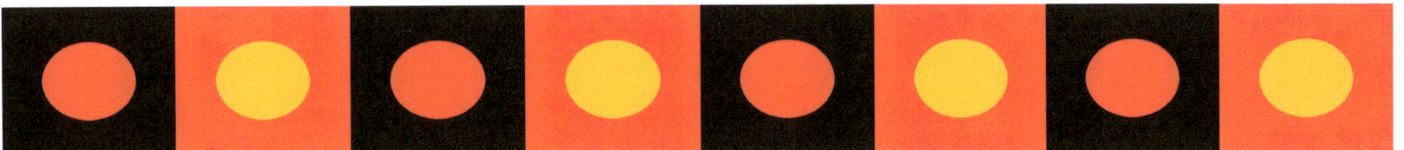

RiverNile
PUBLISHING
LET ALL IDEAS WORTH SPREADING FLOW

Kuku Kulo A Kakuruk © 2017 by Leju Moga

ISBN: 978-0-9996494-0-4

DEDICATION

This book is dedicated to my father who at a time when no one valued books, bought for us books to read because of his belief in the empowering power of books in his children's hands.

Kuku kulo,

ko

Kuku kune,

a kakuruk.

Kuku kulo,

ko

Kuku kune,

Kurju ko kole lo kaje,

lo luŋu a Gomu.

Kuku kulo,

ko

Kuku kune,

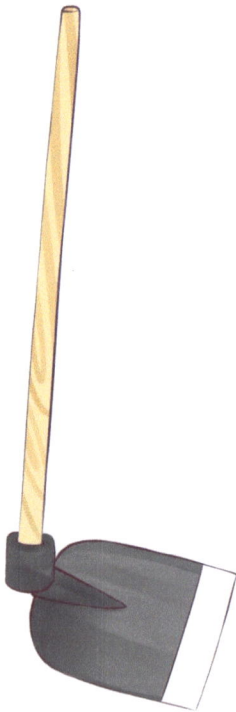

köti kurju,

ko kole na payoyo,

na luŋu a Jembe.

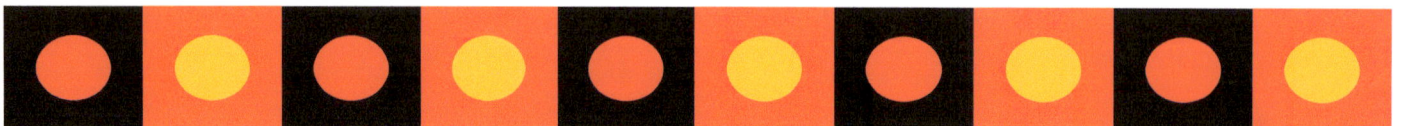

3

Kuku kulo,

ko

Kuku kune,

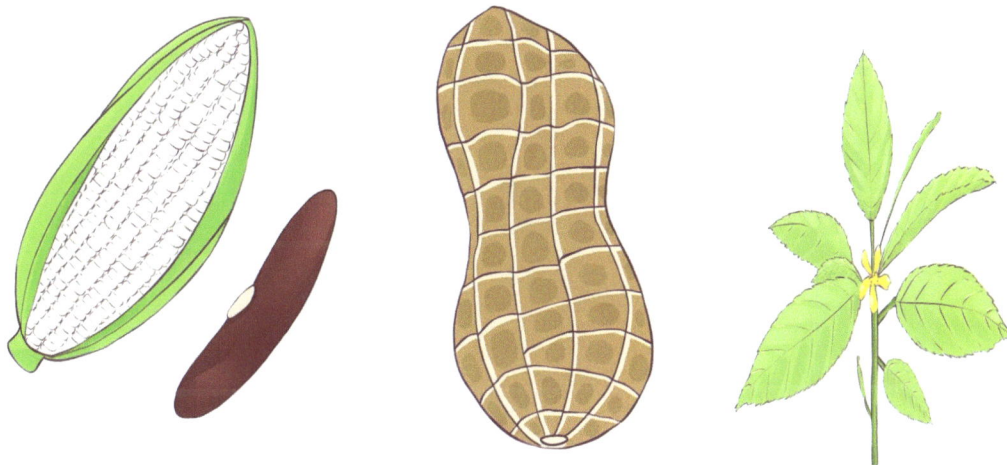

a kakuruk ti kinyojin ka'deka'de,

i geralan ka'deka'de,

ti kiŋa.

Kuku kulo,

ko

Kuku kune,

a kakuruk ti Merese kode Kima.

Merese kulo a kinyo logwon,

jojo 'dela i gugu kata,

ko kiŋajin jore.

Kuku kulo,

ko

Kuku kune,

a kakuruk ti Bömuk logwon köti luŋu a Lisörit.

Bömuk kulo a kinyo logwon,

jojo ʼdela i gugu kata,

ko kiŋajin jore.

Kuku kulo,

ko

Kuku kune,

a kakuruk ti Kureja.

Kureja kulo a kinyo logwon,

jojo 'dela i gugu kata,

ko kiŋajin jore.

Kuku kulo,

ko

Kuku kune,

a kakuruk ti Liyot.

Liyot kulo a kinyo logwon,

jojo 'dela i gugu kata,

ko kiŋajin jore.

Kuku kulo,

ko

Kuku kune,

a kakuruk ti Gwanda.

Gwanda kulo a kinyo logwon,

jojo sisi'da i kujöŋ kata,

ko kiŋajin jore.

Kuku kulo,

ko

Kuku kune,

a kakuruk ti Kayata.

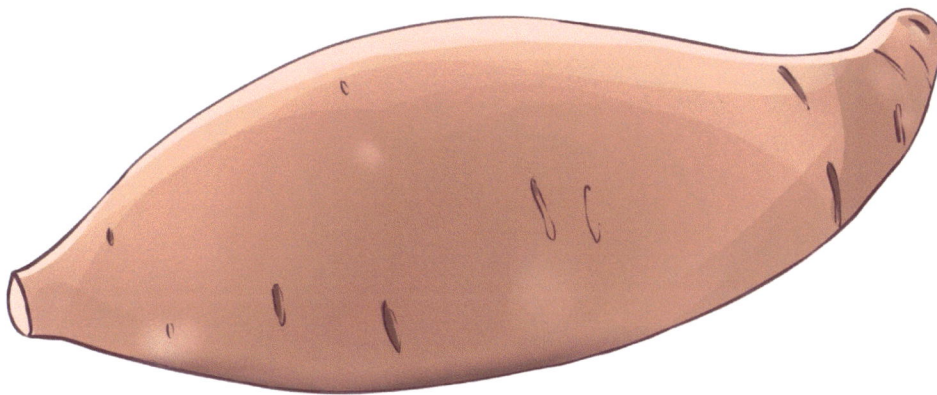

Kayata kulo a kinyo logwon,

jojo bera a mutere,

anyen jojo 'dela i gugu kata,

ko diŋit a najo.

Kuku kulo,

ko

kuku kune,

a kakuruk ti Kö'diyöt.

Ko'diyöt kulo a kinyo logwon,

jojo 'dela kadi,

ko yapani jore.

Kuku kulo,

ko

Kuku kune,

a kakuruk ti Loputu.

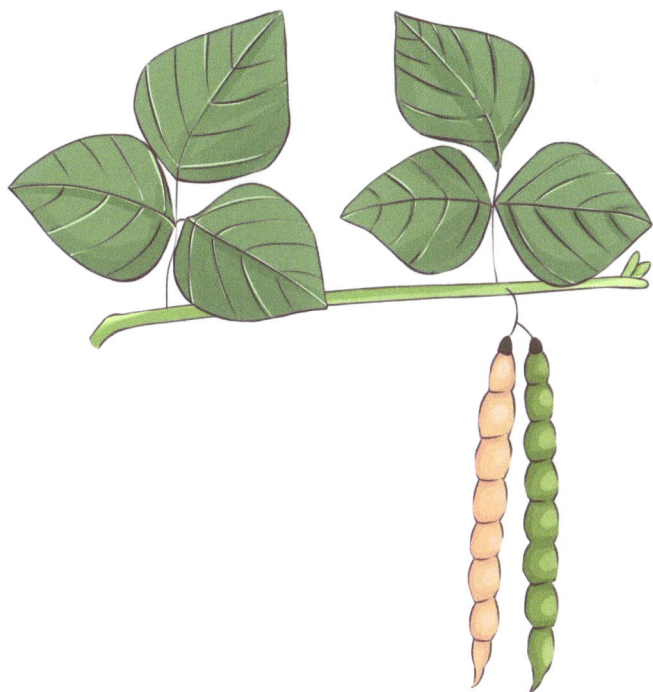

Loputu kulo a kinyo logwon ,

jojo 'dela i gugu kata,

ko diŋit a najo.

Kuku kulo,

ko

Kuku kune,

a kakuruk ti Maraŋwat.

Maraŋwat kulo, a kinyo logwon,

jojo 'dela i gugu kata,

ko kiŋajin jore.

Kuku kulo,

ko

Kuku kune,

a kakuruk ti Burukusut.

Burukusut kulo a kinyo logwon,

jojo 'dela i gugu kata,

ko kiŋajin jore.

Kuku kulo,

ko

Kuku kune,

a kakuruk ti Jugat, logwon köti luŋu a Soŋgo.

Jugat kulo a kinyo logwon,

jojo 'dela i gugu kata,

ko kiŋajin jore.

Kuku kulo,

ko

Kuku kune,

a kakuruk ti Logudi.

Logudi kulo a kinyo logwon,

jojo 'dela i gugu kata,

ko kiŋajin jore.

Kuku kulo,

ko

Kuku kune,

a kakuruk ti Nyaŋwaŋ.

Nyaŋwaŋ na a kinyo nagwon,

jojo ′dela kadi,

ko loron ku′dik.

Kuku kulo,

ko

Kuku kune,

a kakuruk ti 'Der.

'Der lo a kinyo logwon,

jojo totiyonyo,

anyen jojo 'dela i kere kata,

ko diŋit a najo.

Kuku kulo,

ko

Kuku kune,

a kakuruk ti Nyanya.

Nyanya kulo a kinyo logwon,

jojo 'dela kadi,

ko perok jore.

Kuku kulo,

ko

Kuku kune,

a kakuruk ti Wöri'digut.

Wöri'digut kulo a kinyo logwon,

jojo totiyoko,

anyen jojo 'dela kadi,

ko diŋit a najo.

Kuku kulo,

ko

Kuku kune,

a kakuruk ti Basala.

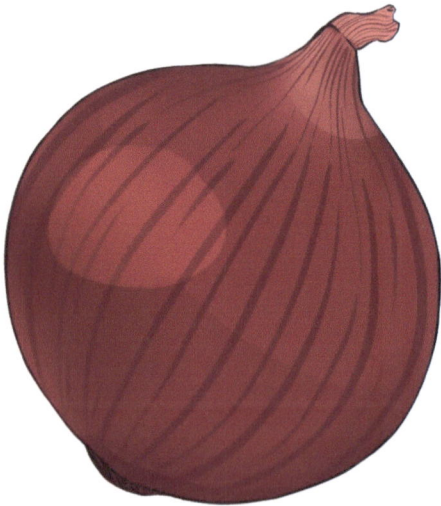

Basala kulo a kinyo logwon,

jojo ′dela kadi, i sude kata,

ko diŋit a najo .

Kuku kulo,

ko

Kuku kune,

a kakuruk ti Mulan.

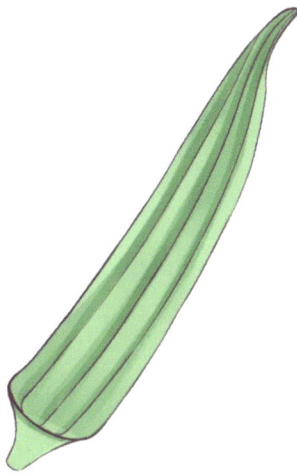

Mulan kulo a kinyo logwon,

jojo totiyoko,

anyen jojo 'dela ko diŋit a najo.

Kuku kulo,

Ko

Kuku kune,

a kakuruk ti Sörömöndi logwon köti luŋu a Kuluk.

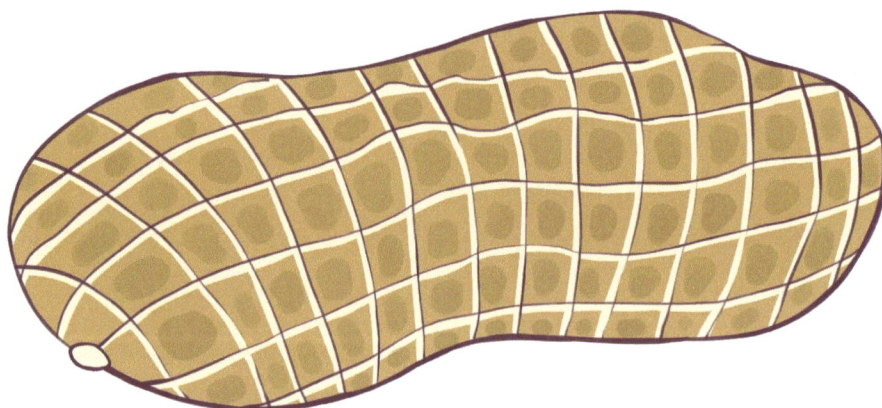

Sörömöndi kulo a kinyo logwon,

jojo 'dela i gugu kata,

ko kiŋajin jore.

Kuku kulo,

ko

Kuku kune,

a kakuruk ti Kinu köti.

Kinu kulo a kinyo logwon,

jojo ʼdela i kere kata,

ko kiŋajin jore.

Kuku kulo,

ko

Kuku kune,

a kakuruk ti Könyuŋ köti.

Könyuŋ kulo a kinyo logwon,

jojo 'dela i gugu kata,

ko diŋit a najo.

Glossary

Kuku—	English
Gomu—	Kuku tradition hoe with a curved pole and a shovel like iron piece
Jembe —	Generally an industrial hoe introduced during the colonial time
Merese or Kima —	Sorghum
Bömuk or Lisörit —	Corn or maize
Kureja—	Pearl millet
Liyot —	Finger Millet
Gwanda—	Cassava, Manioc
Kayata—	Sweet Potatoes
Ködiyöt—	Pumpkins
Loputu —	Cow peas or Black eye peas
Maraŋwat —	Beans
Burukusut —	Pigeon peas
Jugat or soŋgo —	Ground Peas or Bambara peas
Logudi —	Monk Beans
Nyaŋwaŋ or dodo—	Amaranth
'Der—	Jew Mallow
Nyanya—	Tomatoes
Wöridigut or Birnyanya—	Eggplant
Basala —	Onion
Mulan —	Okra
Sörömöndi or Kuluk—	Ground nuts or peanuts
Kinu —	South Sudan Seasame (hyptis spicigera)
Könyuŋ—	Sesame or simsim

TABLE OF WORDS IN SINGULAR AND PLURAL

SINGULAR —	PLURAL
Meresetat —	Merese
Kimöyi —	Kima
Gomu—	Gomuwat
Jembe —	Jembejin
Bömukti —	Bömuk
Lisöritöt —	Lisörit
Kurejatat —	Kureja
Liyoti—	Liyot
Gwöndöli —	Gwanda
Kötöli—	Kayata or kiyata
Ködi—	Ködiyöt
Loputuli —	Loputu
Maraŋwati —	Maraŋwat
Burukusuti —	Burukusut
Jugati —	Jugat
Soŋgoti —	Soŋgo
Luguditi —	Logudi
Nyaŋwaŋ —	Nyaŋwaŋ
'Der—	'Der
Nyanyatat—	Nyanya
Wöridigutöt —	Wöridigut
Birnyanyatat —	Birnyanya
Basalatat —	Basala
Mulanti —	Mulan
Sörömönditöt —	Sörömöndi
Kinutat —	Kinu
Könyuŋi —	Könyuŋ

SOME POINTS TO NOTE ABOUT THE CROPS IN THIS BOOK

In this book, there are about 21 food crops that have been mentioned. Nonetheless there are not only 21 food crops that exist in the Kuku agricultural landscape. In fact there are other food crops that have not been mentioned here.

The names of some of the food crops that have been mentioned here in this book are just general names. This is because if you go to the field you will find that some of the food crop mentioned here consist of several varieties. For example sorghum, is just a general name consisting of many varieties that vary in seed color, stalk height, length of time they grow, the shape and size of the ear, and the flavor of the seed. In fact during the colonial time, British colonial administrators who had traversed and observed sorghum crops in South Sudan had concluded that, there was almost a different kind of sorghum in every village in South Sudan. Indeed, in Kajokeji alone many kinds of sorghum do exist. And the same is true for other food crops such as cassava, potato, okra, pumpkin, and many others. For example in Kajokeji there is a pumpkin called Nyömböli and another one called Suwaya. They are all different and vary is shape, size, and flavor.

It should also be noted that, whether it is in Kuku or English language, there are some crops which are known by more than one name. For example, in English speaking countries, the name corn or maize just refers to the same food crop. The same is true in Kuku for the names Soŋgo and Jugat which also refers to the same food crop.

ABOUT THE AUTHOR

Leju Moga was born in South Sudan. He holds a Bachelor of Science degree with honors from Western Michigan University. He is the author of the book, The Alphabet of the Kuku of South Sudan, and is the founder of River Nile Publishing.

His interest in food crop farming goes back to the years when he was a toddler in the village in south Sudan and was given his first handful of seeds which he planted in his front yard garden in one hole. And like any Kuku, he knows how and when all of the crops in this book are grown.